사진촬영_ 어재선

변 경 섭

자작나무 숲에 눈이 내린다

애지시선 069

자작나무 숲에 눈이 내린다

2017년 7월 10일 초판 1쇄 발행

지은이 변경섭
펴낸이 윤영진
편 집 함순례
홍 보 한천규
펴낸곳 도서출판 애지
등록 제 2005-5호
주소 34623 대전광역시 동구 대전로 867번길 46
전화 042 637 9942
팩스 042 635 9941
전자우편 ejiweb@hanmail.net

ISBN 978-89-92219-68-6 03810

* 이 책은 강원도, 강원문화재단 후원으로 발간되었음.
당신이 평창입니다 It's you, PyeongChang

애지시선 069

자작나무 숲에 눈이 내린다

변경섭 시집

□ 시인의 말

인생은 우연이다.
예정되어 있는 것은 하나도 없다.

많은 추억을 가져오고,
지루했던 삶에 설렘을 주고,
또한 불면의 고통도 기쁘게 받아들일 수 있도록 해준 것,
그리고 나에게 사랑의 시적 경험을 안겨준 것도 모두 우연이다.

인생은 살아볼 만하다.
나에게 또 어떤 삶이 펼쳐질지 모르니까!
그러니 사랑도 생각도 오늘 하루 마지막인 것처럼 하자.

2017년 여름

변경섭

차례

제2부

제3부

제4부

제1부

자작나무에게

— 고백

나는 시원始原의 기억처럼 자작나무가
내 마음속에 심어져 있었다
강원도 산속에서 고고한 자태
뽐내고 있을 때도
어쩌다 시베리아 눈 덮인 평원
눈보다도 더 하얗게
긴 다리를 뻗고 서 있는 숲의 장관을
사진으로 보다가도 나는
깜짝 깜짝 놀랐다
머릿속에 프린트 되어 선명히
기억되는 아름다움,
전생에 무슨 인연을 우연히
만난 것처럼 느껴지는 전율 같은 것,
그러나 강원도 산속의 자작나무도
시베리아 평원의 자작나무도
나에겐 다가갈 수 없는
정말로 시원의 기억 같은 것이었다

어느 날 그대가 내 눈앞에 서 있었다
나는 내 눈을 의심했다
시원의 기억 같은 자작나무였다
내가 손으로 만질 수 있는 그런 자작나무였다
미끈한 다리, 웃음 짓는 얼굴
파란 하늘 찌를 듯 서 있는 하얀 수피
나는 그대를 보고 북구의 하얀
자작나무를 보았다고 생각했다
언젠가 나는 그대에게 강원도 산길을 지나다가
자작나무가 제일 좋다고 했다
집을 짓고 산다면 울타리나무로
자작나무를 심겠다고 했다
그렇다 그대가 나의 자작나무였다
나의 삶을 둘러싸고 위안을 주는
그대는 소중한 내 몸과 같은 자작나무였다

자작나무 1
— 사랑

오늘 너의 얼굴을 보고 싶다

너의 맨 얼굴을 보고

이야기 하고 싶다

사랑

오늘 너를 비추는 달빛을 보고 싶다

너의 흰 피부에 부서지는 달빛에

내 몸을 씻고 싶다

내 마음까지

그래서 오늘 너의 몸을 보고 싶다

너의 벗은 몸을 보고

한없이 울고 싶다

가는 가을

자작나무 2

— 가을비 속에 너를 두고

이른 아침 일어나 비안개에 덮인 자작나무 본다
너는 마치 거기 붙박인 채 서 있는 하얀 유령

이승의 연 끊으려 모두 벗어던지듯 육탈을 하고
너는 몸을 떨며 가을비 맞고 섰다

가을비에 젖은 너의 몸은
그리운 여인의 적삼 속에 숨겨 있는 뽀얀 속살

바람결에 수런거리던 목소리 어디 가고
내가 쓰다듬던 따듯한 체온도 기억에만 남아

여름날 어둠 속 거칠었던 호흡은
차가운 가을비에 침향의 향기처럼 펄밭 속에 잠기었다

너는 유령처럼 가만히 서서 나를 본다
다가가 너를 만지려하나 너는 없다

가을의 정한情恨을 노래하긴 너무 이르지 않은가?

저기 가을비 맞으며 서 있는 자작나무를 보며 내가 운다

자작나무 3
— 사랑은 고독

바람이 죽었다
세상은 움직이지 않는다
자작나무도 지구에 붙들려 꼼짝하지 않는다
겨울이 왔다
자작나무는 어느 북구의 설원에서 온 키 큰 여인이
옷을 벗고 서 있는 것처럼 이국적이다
고요하다
자작나무는 하늘을 보고 하얗게 질려 있다
아니 바람이 불어도
뼈만 남은 자작나무는 가지 사이로
바람을 흘려보내고
스스로는 아무것도 생각하지 않는다
고독하다
그래서 순수하다
나에게도 겨울이 왔다
창백한 겨울 하늘 아래 자작나무처럼 서 있다
자작나무처럼 나도 고독하다

내 마음속의 자작나무가 저기 무심하게 서 있다
그리움에 지친 사내는 자작나무 숲 속에 들어가
자작나무에 입 맞추고 물어보고 싶다
너는 겨울을 사랑하느냐고?
고독한 겨울을

자작나무 4

— 첫눈 오는 날 너를 안고

하얀 눈이 펑펑 내려
하얀 가지 위에 쌓이니
뚝, 뚝, 어디선가 마른 가지 부러지는 소리
세상의 모진 바람도 견디었건만
첫눈 오는 풍파에 자작나무는
자지러지게 아프다 한다

그래도 자작나무는 하얗게 웃고 서 있다
비바람도, 가뭄도, 세월도
견뎌 왔는데
살아갈 날이 아직 남았는데
첫눈이 내린다고
대설이 내린다고
아파만 할 수 있겠느냐고

나는 그런 자작나무가 안쓰럽다
아플 때 아프다 하고

힘들 때 힘들다 하는
자작나무가 더 사랑스럽지 않은가?
그래야 자작나무를 안아 줄 수 있으니

배추흰나비 같은 눈이 수없이 떨어져 죽는다
멀리 보이던 집도 밭도 산도 모두
희뿌연 장막으로 가려버릴 듯 매몰차게 내린다
벌써 자작나무 숲은 저편의 세상과 격리되었다
머지않아 자작나무도 눈에 뒤덮일지 모르겠다

첫눈이 온다
자작나무가 아프다 한다
나는 이 밤 자작나무 숲에 들어가
자작나무를 안고 새울 것이다
나도 자작나무와 함께 눈을 맞는다

자작나무 5
— 사랑은 환상과 조금의 집착

오늘 아침 자작나무가 웃고 있다

나는 아침마다 자작나무의 기색을 살핀다

자작나무가 밤은 잘 지냈나?

자작나무가 춥지는 않았나?

자작나무가 혹시 우울하진 않나?

자작나무가 오늘은 이쁜가?

자작나무가 바람에 흔들리진 않나?

자작나무가 나를 생각은 하고 있나?

모든 게 궁금하고 걱정이다

자작나무는 나의 사랑이다

자작나무가 오늘은 유난히 산중에서 빛난다

내 마음속의 자작나무가

자작나무 6

— 겨울비 맞는 자작나무와 새

겨울비 내린다. 한겨울 얼음장 밑 흐르는 시냇물같이 차갑다. 세상의 사랑이 사라져버린 죽음의 봉분을 지켜보는 것처럼 서늘하다. 자작나무가 사는 세상이 그렇다. 자작나무는 목마른 구도자처럼 겨울비 맞고 서 있다. 희디흰 옷이 다 젖어 있다. 오한이 오듯 몸이 떨려오지만 자작나무는 여전히 혼자이고 싶어 한다. 그래야 이 추운 겨울을 견딜 수 있다는 듯이.

자작나무 숲에 새가 날아들었다. 날갯죽지에 상처 입은 새는 자작나무 가지에 앉아 쉬려한다. 새는 너무 먼 길을 날아왔다. 먼 이국의 땅, 혹은 칼라하리사막 같은 황량함이 그의 등 뒤에 여운처럼 남아 있다. 새는 자작나무의 앙상한 겨울 가지를 이리저리 눈치를 보며 옮겨 다닌다. 날개가 젖었다. 더 이상 날아갈 힘도 없다.

자작나무는 아무 말이 없다. 겨울비도 말없이 내린다. 겨울산에 정적 같은 침묵이 굶주린 너구리 찾아들 듯 은밀하다. 비가 오는 잿빛 하늘에는 슬픔이 가득하다. 아마도 겨울비가 함박눈이 되어 쏟아질 모양이다. 굵은 눈물 방울일 것이다.

새는 자작나무 가지를 떠나야할지 모른다는 두려움에 젖은 날개를 고르지도 못하고 눈만 대록거리고 있다. 상처 입은 날갯죽지로는 비 맞는 자작나무를 온전히 가려줄 수 없어 작은 날개를 헌턴한다. 새는 자작나무에 앉아 구슬픈 노래를 부른다. 겨울비가 자작나무와 새를 적신다.

자작나무 7

— 사랑 그리고 쓸쓸함

겨울이 되니
자작나무가 무명저고리처럼 더 하얗다

겨울이 되니
자작나무가 공어의 뼈를 보듯 솔직해진다

겨울이 되니
자작나무 숲에 산새들이 찾아들어 노래한다

겨울이 되니
자작나무는 이름 모를 산새들과 즐거운데

겨울이 되니
자작나무는 숲에 들어가 놀지 못하는 나를 두고

겨울이 되니
자작나무는 새침데기 속을 모르는 여인이 되었다

겨울이 되니
그런 자작나무 옆에서 나는 하늘의 별만 세고 있다

자작나무 8

— 이별 연습

겨울 산속에 밤이 들면
밤하늘에 북극성만
멀리 보인다

하얀 몸을 뽐내던 자작나무도
눈 덮인 산도
어둠이 삼켜버려
모두 검은 산이 되고 만다

검은 산 너머 저편으로
발자국 하나 없이
등을 보이며 걸어가는 자작나무를
조금이라도 더
내 눈 속에 담아두려 하나
그저 자작나무는 내 눈가의 눈물로
아로새겨질 뿐이다

사랑해, 사랑해
속삭여도
자작나무는 아무 말이 없다
자작나무숲 어두운 침묵이
나의 밀어들을 모두 삼켜버리고
밤바다의 심연처럼 미동도 하지 않는다

자작나무를 붙잡으려 숲에 들어갔으나
밤새 숲 속을 헤맬 뿐
자작나무는 어디에도 없었다
어느새 싸락눈 오는 신새벽이다
내 발자국도 모두 지워버렸다

자작나무 9
— 사랑 그리고 연민

매일 아침 일어나면 보이는
자작나무가
내 마음을 괴롭힌다

바람도 불지 않아
손가락 하나 까딱하지 않고
나를 쳐다보는 자작나무
풀과 나무를 사랑하듯
나의 사랑이었고
추억이었고
불면의 밤들이었던 자작나무

오늘 아침 나는
자작나무를 애써 외면했다
파란 겨울 하늘 아래
하얀 등을 보이고 뒤돌아 서 있는 자작나무
너를 돌아보면 가까이 달려가

와락 안고 싶어지기 때문이다

이렇게 아플 줄 알았으면
쳐다보면서 괴로울 줄 알았으면
곁에 두지 않았을 것을,
그래도 함께 했던 시간
자작나무를 생각하며 보낸 시간은 행복이었노라고
나의 삶 지워질 수 없는 흉터라고
마지막이 될지도 모르는 편지를 눈물로 보낸다
그 말을 하고 싶어서 시를 쓰고
겨울밤 몽유병 앓듯 사랑했노라고!

자작나무 10

— 미련

자작나무를 보면
지난날이 생각나고
그대와의 추억이 생각나고
그대가 나의 희망이었다가
그대가 내 곁을 떠나려하니
세상이 무너진 것 같고

자작나무를 보면
우리의 인연이 여기까지인가 물어보고 싶기도 한데
두려워 묻지도 못하고
아직도 사랑하여
너를 붙잡고 울어보고 싶은데

자작나무를 보면
이 시가 마지막이 되지 않기를 기도하며
하얀 수피 한 장씩 뚝뚝, 끊어다가
받아볼지도 모르는 편지를
나도 모르게 힘주어 쓰고 있다

자작나무숲에 눈이 내린다

아침에 눈이 온다
함박눈이 하늘의 눈물인 듯 소리 없이 내린다
통방울만 한 것들이 자작나무에 내려앉는다
자작나무 하얀 피부 위에
이른 아침 세수하는 여인의
창백한 얼굴과 목덜미 굴곡에
하얀 비누거품 부풀어 오르듯 눈이 쌓인다
자작나무가 눈을 맞으며 비명을 지를 것 같다
살갗에 닿는 눈이 살짝살짝 오르가즘 오듯이
온몸을 떨게 하는 전율이다
나는 자작나무를 사랑한다
성숙하고 순수한 네 모습에 끌려
너의 피부를 쓰다듬고 싶구나!
눈 맞고 서 있는 자작나무가 나를 돌아본다
하얀 미소가 내 가슴을 두드린다
자작나무숲에 눈이 내린다

폭설

강원도라
평창 방림면 어디 두메 산속에
자작나무가 흰 눈처럼
하얗게 밤을 지새우는 곳에
또 눈이 지랄같이 오네

얼음장같이 두꺼운 불신의 벽
저 아래 산 너머에 두고
귓가에 스치는
바람에라도 씻어
푸른 잎 소나무처럼 살러 들어왔는데
나를 혼자
가둬두려는 폭설이
자작나무숲을 덮으려 하네

오늘 밤에는 달이나 뜨려나
달이 뜨면 은은히 비추는 달빛에

외로운 내 마음 위로나 할 텐데
달도 폭설에 막혀
못 올까 싶어
맥없이 마음 졸이는
사내의 등이 힘 없구나

강원도 평창 방림면 어디
두메나 산속에
자작나무가 흰 눈처럼
하얗게 밤을 지새우는 곳에
이리 폭설이 내릴 줄 알았으면
어느 시인의 말처럼
나도 부뚜막에 쪼그려 앉아 수제비 뜨는
나 어린 처녀 데리고 들어오는 건데

저리 나 혼자
가둬두려는 폭설을

바라보며 원망하네!
아, 할 수 없지
나 혼자라도 부뚜막에 쪼그려 앉아
수제비를 뜰 수밖에

제2부

별빛

남한강 비내섬을 지나
강을 따라 가다가 길옆에 차를 세웠네
지하세계에 강물이 흐르는 것처럼
밤 깊은 시커먼 강줄기는 말이 없고
강 건너 검은 산그림자 아래에는
몇몇 사람의 집에 불빛들만
겨울바람에 꺼질 듯 위태롭네
마치 이 어둠 속으로 빨려 들어가
사라져버릴 것 같은 적막감,
아마도 엄습해오는 두려움과 어색함을
피하기 위해서였을 것이다
그대는 겨울 밤하늘을 쳐다보며 말했지
저 하늘을 봐요 별빛이 너무도
아름다워요 창문을 열고 봐요
나를 바라보며 말하는 그대의 얼굴 표정이
어린아이 같다고 생각했네
별빛이 겨울비처럼 쏟아져 내렸지

그 별빛이 그대의 눈 속에 호수처럼 고였네
나는 맑은 호수 같은 그대의 두 눈을
바라보았네 너의 눈빛이 별빛보다
더 아름다워 나를 보고 반짝이잖아!
나는 그렇게 말하고 그대의 발랄한
눈빛 속에 포옥 잠겨버렸네
별빛이 두 사람의 등을 감싸 안았네

오대산에 눈이 내리고

주문진에서 그대와 점심을 먹고
사랑이 밀려오듯
한없이 밀려오는 파도를 바라보다가
오대산으로 가기 위하여 진고개를 넘기로 하였지
동해에는 겨울비가 내리고 있었어
촉촉한 겨울비는 그대의 가슴을 적시고,
그대를 쳐다보는 나의 심장은
후두둑, 차창을 때리는 빗소리만큼이나 야단스럽게
뛰고 있었지
진고개 따라 저 멀리 오대산으로 가는 길은
겨울비가 점점 큰 눈으로 변하여
벌써 오대산은 티벳 고원의 설산이지 싶었어 일테면
타지를 헤매다 고향 찾아가는 사람처럼 설레며
설산으로 들어가고 있는 동반자 말이야
차창 밖은 함박눈이 몰아치고
저 멀리에는 웅장한 설산이 펼쳐지는 거야!
마치 설산 아래 샹그릴라로 들어가고 있는 감동이었어

그대는 얼이 빠져 얼핏 나를 돌아보았지
나는 가만히 그대의 손을 잡고 말했어
이 눈이 우리를 반기고 있나봐
비가 갑자기 함박눈으로 바뀌었잖니
눈이 한없이 내려 너하고 나
둘만 있는 세상에서 한세상 갇혀버렸음 좋겠다고,
그대는 긍정인지 부정인지 모를 눈빛을 보냈지
나무와 계곡과 능선이 온통 하얗게 변했어
사람의 티끌 하나조차 모두 덮었지
나와 그대는 아무도 찾아오지 않을
그 속에 남겨졌어
사랑도 하염없이 내리는 눈에 덮여
다가오는 봄에나 발견되었다고

능소화 떨어지면

여름 장맛비가 추적추적 내립니다
길을 적시고 담장을 적시고 담장 너머 능소화
꽃잎에도 빗방울이 떨어집니다
능소화 아래 웅크리던 청개구리도
떨어지는 빗방울에 놀라 하늘을 바라봅니다
놀란 청개구리 폴짝, 뛰어오르는 발길질에
가녀린 줄기마저 파르르 떨리다가
아아, 능소화 담장 아래 소리없이 떨어집니다

비는 여전히 소리없이 내립니다
청개구리는 떨어진 능소화 바라보다
아무 말 없이 풀숲으로 달아나고
나는 가만히 서서 떨어진 꽃잎을 봅니다
나도 떨어진 능소화처럼 비를 맞고 섰습니다
아아, 당신은 나를 꼼짝 못하도록 붙들고 있습니다

내 몸은 언젠가부터 당신을 그리워하기 시작했나 봅니다

비가 내리고 추억이 익어갈 때쯤
능소화가 툭툭, 땅에 떨어지면
나는 슬픔을 이기지 못하고 비를 맞았으니까요
비 오는 하늘빛 무채색 같던 나의 마음은
어느새 주홍빛 꽃잎을 품에 안고 있었지요
낡은 흙빛 담장 아래 능소화 또 떨어집니다
그리움 하나 둘 내 가슴속에 차곡차곡 쌓여갑니다
그렇게 장맛비 오는 여름도 조금씩 지나가겠지요
아아, 못다 이룬 사랑 능소화 같은 처연함이여

어둠 속 강가에서

그대와 나는 어둠 속 강가에서
강물을 쳐다봅니다
하늘에는 둥근 달이 자작나무 수피처럼
하얗게 떠올랐습니다
지상의 자작나무 같은 그대는
하얀 이를 드러내며
나를 보고 웃었지요
강물이 너무 아름다워!
강물이 출렁일 때마다
하얀 나비가 폴폴 나는 거 같아!
그대가 감동에 겨워
혼잣말처럼 속삭였습니다
달빛에 비치는 강물이 마치
팔딱이는 잉어의 비늘처럼 반짝거렸지요
밤하늘에서 달빛이 가느다란 빗줄기처럼 떨어져
강줄기가 반으로 갈라지는 모습에
그대는 몸을 떨었습니다 순간

그대의 검은 눈동자도 하얗게 부서졌습니다
나는 부서지는 눈빛에 소름이 돋았고요
나는 마법에 걸린 듯
그대의 어깨를 살며시 감싸 안았습니다
강가의 은밀한 사랑을 시샘하듯
하얀 달무리가 팔을 뻗어 둥근 달을 잡아당깁니다
당신을 사랑해!

바다와 말하다

벚꽃 보러 경포호에 갔다가
너무 일러 꽃을 못 보았다
그 자리 떠나며 벚나무
자꾸만 뒤돌아본다
꽃을 보지 못한 안타까움 대신
햇볕 내리쬐는 안목해변
파란 파스텔 칠해놓은 듯한
바다를 보러왔다 그대와 나란히
해변 벤치에 앉아 봄 바다를
한껏 가슴에 품었다
바람 부는 바다가 춥다고 한다
나는 그대의 허리를 꼬옥 안았다
쉼 없이 두근거리는 푸른 파도가
여린 숨소리로 다가온다
그대의 몸이 떨렸다
나는 그대의 몸을 더욱 힘주어 안았다
나는 귀 기울여 들었다

그대의 숨소리와 나의 숨소리가 번갈아
피아노 건반 두드리듯 뛰고 있는 것을
그 숨소리에 맞춰 파도도 배경음악으로 잔잔해지는 것을
나는 바다에게 속삭이듯 말했다
바다야 내 가슴이 너에게 풍덩 빠졌어
너의 푸른 물 속에 내 마음 맡겨도 되겠니?
쪽빛처럼 물든 나의 사랑 네가 지켜줘
찬바람 때문인지 그대가 내 품을 파고들었다

봄 편지

나는 다시는 봄이 오지 않는 줄 알았어요
어느 날 살갗을 간질이는 봄바람이
내 가슴을 살며시 헤집고 파고들데요
그 봄내음은 나의 정신을 혼미하게 해놓고
내 가슴속에 그리움이란 꽃을 피우게 했지요
꽃이 피니 나비들 취하게 하는
쌉싸래하고 달콤한 꿀이 생겨났어요
그대는 프리지아꽃을 가장 좋아한다고 했죠?
그대는 프리지아꽃을 내 코끝에 내밀었어요
나는 순간 아찔했습니다 당신과 함께 있는
이 세상이 이승이 아닌 듯했으니까요
그 향기는 온통 당신의 봄날
이 세상 어느 곳에서도 맡아볼 수 없는
당신만의 피부요 숨결이었습니다
나를 취하게 하는 사랑의 마약이기도 하고요
이 세상 당신과 함께 숨 쉬고 있는 시간이
너무도 짜릿하여

이 봄 새로 핀 꽃잎으로 우표를 붙여
편지를 보내드려요
빨갛게 핀 영산홍 꽃잎이 어울리겠지요
나의 가슴도 빠알갛게 물들었으니까요

사랑
— 달맞이꽃

당신과 헤어지기 싫어
당신의 손을 잡고
당신의 집 언저리 밤늦도록
맴돌다 보았네
인가의 불빛만 새어나오는 까만 밤에
달빛을 바라는 노란 달맞이꽃
길가에 피었네 그 꽃잎 밤이 두려워
떨고 있었네
희미한 달빛마저 모두 흡수해버려
사방을 캄캄하게 만들려는 듯
까만 밤 속에 달맞이꽃만 보였네
하늘엔 그 흔하던 별빛도 안 보이고
지상에는 사랑바라기 나의 마음을
대신이라도 하려는 듯 달맞이꽃
노랗게 눈을 뜨고 나를 바라보고 있었네
나는 어쩐지 이 밤 달맞이꽃 꺾어
당신에게 바치고 싶었네

달맞이꽃 밤의 향기가
내 마음 전해주리라 생각했어
달맞이꽃 받아든 당신은 코끝에 대고
그 향기에 취한 듯 나의 눈을 쳐다보았지
아아, 나는 그 순간 달빛에
반짝이는 비늘날개를 퍼덕였어
당신의 반짝이는 동공에
불나방 되어 한없이 빨려 들어갔지
사랑을 갈구하는 불나방이
달맞이꽃 꺾어주는 마음
당신은 아시려나?

가을은 깊어만 간다

산에 단풍이 들었다 싶었다
어머니 주름 얼굴에 검버섯
애써 모른 척한 것처럼
잠시 외면하였더니 어느새 단풍은 간데없고
낙엽은 지고 바람은 가슴에
박힌 가시랭이 건드리고 지나간다
겨울을 재촉하는 하늘이 아파서 운다

낙엽이 바람에 힘겨워 한다
바람이 물에 젖는다
무거워 아래로 흐른다
낙엽이 흩어진다
곱디곱던 모습 어디 가고
모든 것을 털어낸 후 뼈마디만
남은 어머니 같은 나무는
겨울을 기다리고 있다

바람이 허연 머리 쓸어 넘긴다
서늘한 가슴을 훑고 지나간다
나도 어느새 하나 둘 낙엽을
떨어뜨릴 때가 되어간다

반딧불이 사랑

밤하늘의 별이
지상에 내려와 춤을 추네

물과 땅의 그림자 먹고 살며
그리 오래 기다려 왔지

오래 기다린 사랑의 구애
불빛 끊임없이 점멸하며 애태우네

만남은 기쁨이고 기쁨 속에 사랑이라
사랑 뒤에 찾아오는 괴로움을 기억하는가

사랑은 결핍을 채우기 위한 몸부림
기쁨도 눈물도 온전히 나의 것, 그래서 감미롭다네

어둠 속 관능의 격정은 유영하듯 춤을 추고
나는 지녀온 번뇌 모두 태워 사랑하려네

강물이 흘러가듯 삶을 맡겨
돌아오지 않을 사랑이라도 후회하지 않겠네

새벽이 별빛을 거두어 가듯 흔적 없이
사랑이 떠나간다 해도 가슴에 따스함은 남아 있으리

밤이 오고 열정은 춤추고
여름은 가고 불빛만 남아 있네

* 이 시의 일부는 기욤 아폴리네르의 「미라보 다리」의 운율을 빌려왔다.

파도야 말해다오

— 추암해변에서

그대를 안고 바다를 보네
바다는 가만히 있지만 끊임없이 움직여
파도가 해변의 모래에 다가와
말하려는 듯 입술을 달싹이네

하얀 모래 위에 그림을 그리는 파도야
그대에게 말해다오
내가 그대의 마음속 도화지에
사랑을 색칠해도 되겠느냐고?

구애하듯 모래를 쓰다듬는 파도야
그리고 이렇게 말해다오
그대의 거칠어진 손마디 안쓰러워
내 몸같이 어루만져도 되느냐고?

언제나 변함없이 철썩이는 파도야
또한 이렇게 말해다오

파도가 억겁을 두고
바위를 부숴 모래를 만들 듯
나도 저기 이름 모를 바위산 갈아 없어질 때까지
그대를 사랑해도 되느냐고?

장마

기다리던 비가 옵니다
연인은 비를 피해 하필
바그다드 모텔에 들었습니다
열사의 나라 사막의 정취가 풍기는
이름의 이국적인 이끌림,
순전히 그것은 비가 내리기 때문이었습니다
그대와 내가 낯선 방에 들어와 있던 것은,

창문 너머 빗소리가 투두둑,
유리창을 두드리며 우리에게 말을 겁니다
나는 그대를 안고 가만히
그 소리를 듣습니다 빗소리인지 그대의
심장 뛰는 소리인지
장맛비가 이제는 대지를 두드립니다
덩달아 내 심장도 두근거리고
빗소리는 참을 수 없는 기쁨으로 아우성칩니다

창문 너머 어둡고 캄캄한 하늘에서
눈물 젖은 별이 쏟아집니다
여전히 비가 옵니다 그대는 곤히
잠들어 있습니다 나는 그대를 가만히
바라보다가 몸매 굴곡진 선을 따라
쓰다듬어 봅니다 어두운 방안에서
선명히 드러나는 아름다운 선의 마력!
나는 순간 눈이 부셨습니다 그것은 오로지
고대하던 비가 오기 때문이었을 것입니다
그대와 내가 낯선 방에 들어와
폭풍우가 몰아친 후의 정적이 너무도
아름답다고 느끼고 있던 것은,

엉겅퀴꽃

사랑은 보랏빛이고

사랑은 꿀처럼 달콤하지만

사랑은 날카로운 가시도 돋아 있지

그래서 사랑은 조심하지 않으면 상처가 깊다

인생

꽃이 핀다
꽃이 진다 꽃이 핀다
꽃이 진다 꽃이 핀다 꽃이 진다
꽃이 핀다 꽃이 진다 꽃이 핀다 꽃이 진다
꽃이 핀다 꽃이 진다 꽃이 핀나
꽃이 진다 꽃이 핀다
꽃이 진다

몇몇 해를 피고 지고
또 지고
땅에 떨어지고
꽃이
흙이 되고

갈대 소리를 듣다

바람 부는 서해 어느 펄밭에서
웅성거리는 갈대

서로 몸 부비는 소리
바람이 그 몸 사이 비켜가는 소리

바람이 시키는 대로
이리 누웠다 저리 누웠다

나 그렇게 살아왔다고
나 여기 살아 있다고

서그럭 서그럭,
가만히 울먹이는 소리

말하지 않아도 안다
그것이 존재의 아픔이라는 것을

서로 부딪치며 때로는
깊게 껴안아온 애환의 몸부림

제3부

꽃이 피는 건

꽃이 피는 건
내가 너를 향한 배려의 마음이
움트기 시작했기 때문이요

꽃이 피는 건
네가 나로 하여금 존재의 이유를
깨닫게 해주기 때문이라

꽃이 피는 건
너와 내가 삶의 고통을
함께 짊어지기 시작하는 것

꽃이 피는 건
시작된 사랑을 오래도록
건강하게 지켜내려는 것

꽃이 피는 건

그래서 꽃이 질 때까지 지켜야할

아픔의 언약식 같은 것이다

소원

— 묵호항 등대를 바라보면서

동해 묵호항 논골 계단을 올라
바다가 잘 보이는 언덕에 서니
심장이 뜨겁다 밤바다의 장엄함이
나의 몸을 뜨겁게 하는 것이 아니다
우연히 동해 밤바다의 정적 속에 숨어들어
서로의 상처를 위로하려는 연인
서로의 심장을 붙안고 묵호항
등대 불빛을 바라보는 마음이 떨리는 것이다
수평선 아래에서 태양이 끓듯
둘의 가슴이 어둠 속에서 끓는다
묵호항 등대가 세상을 훔쳐보듯
단속적으로 움직여 저 멀리 밤바다를 비추고
또한 가난한 연인들을 비춘다
등댓불이 머리 위를 지날 때
소원을 빌면 이루어진다고 하는데,
나는 그대를 태워버릴 듯 끌어안고
불빛이 사라질 새라 소원을 빈다

나의 심장이 억누를 수 없는 용암처럼 뜨겁다고,
밤바다 밝히는 저 등댓불처럼 사랑한다고,
그리하여 그대가 나의 등댓불이 되어달라고,

독백을 빌어서*

— 통영 밤바다

하늘녘에서 무수히 쏟아지는 별똥별처럼
내게도 대책 없이 사랑이 오는가 보다
바람 부는 겨울 도회지 어느 사람 없는 거리에서
자판기 따끈한 캔커피를 손에 쥐고 있는 것처럼
지루한 세월 견뎌온 고독한 인생이
술잔을 씹어 먹고 잠들어 깬 어느 이른 봄날 아침
몸을 감싸던 햇살처럼 내 가슴이 사부작, 걸음을 걸어
그렇게 사랑은 조금은 따스하게 오는가 보다
내게도 오래된 사랑은 있었지
까마득한 시절 세상은 온통 회색만 보였던가
민족을 이야기 하고 민주를 이야기 하다가
별을 이야기 하고 가끔은 사랑도 이야기 했지
그러나 내가 떠나보내고 누군가 떠나갔지
아니, 나는 어찌할 수 없었어 모두가
내 손에 잡을 수 없었던 빈 쭉정이 같은 사랑이었으니
오랫동안 변명해왔지 비겁하게
그리고 지나간 모든 사랑은 진실한

사랑이 아니었음을 누군가에게 혼잣말처럼 되뇌었어
오래 기다린 후의 진실한 사랑은
남해 푸른 바다 섬에 부딪치며 철썩거리는 파도처럼
변함없을 거라고 속삭일 거야
어느 한적한 시골 교회당에서 우연히 만난
종소리가 가슴을 위로해 주듯이 오로지
너의 속삭임만이 내 지나온 슬픔과 상처를
어루만져 줄 것이라고 말할 거야
이제 잊을 수 없었던 슬픔과 고단했던 그리움은 끝이다
너의 무릎을 베고 누워 눈물 젖어
물결무늬 같은 너의 귓불을 만지작거리면서 오직
너의 눈빛만을 내 속에 담아두겠다고
독백처럼 말하는 순간 너의
입술이 영원한 안식처럼 다가올 것이다
남해 밤바다 대책 없이 쏟아지는 별똥별은
내 가슴에 정말, 예고 없이 찾아든 사랑이라고

* 이 시는 류근 시인의 「독백」이라는 시의 운율을 빌려왔다.

분원리에서

아직 찬바람이 서늘한 이른 아침
두물머리가 건너다보이는 호숫가에서
쩌엉쩌엉 얼음 깨지는 소리 너머
호수 위에 떠있는 침묵, 한동안
산과 강을 바라보고 서 있다가
섬뜩 놀라 돌아보니
내 등 뒤를 둘러싸고 있는 건
붕어, 온통 붕어찜이다
이곳은 조선 사옹원 분원分院이 있던 곳
왕실에 노고를 진상하고
그 들 발밑의 때처럼 살던 곳,
조선이 사라지고
그 도자기를 만지던 손들이 스러짐에
어느새 도자기는 저 멀리 한데로 밀려나가
어느 건물 속 박제로만 남아 있고
사람들이 돈 벌어 먹고사는
붕어 붕어들만이 호수에서 걸어나와

분원리를 서성거리고 있다
다음 어느 세대에는 무엇이 이곳을 먹여 살릴까?
먹고사는 것만이 또 분원리를 채울 것이다
나는 변하지 않는 산과 강을
하염없이 쳐다보다 슬그머니
분원리를 빠져 나왔다

산수유꽃

— 봄소식

나의 뜨락에
노란 산수유꽃 피었네
봄 시샘 앞 다투어 누구보다
먼저 꽃봉오리 벋어 봄볕
내리쬐는 양지에 봄소식 부려놓았네
어느 봄날 내 앞에 나타난 꽃소식은
세상 가득 채워줄 환희의 빛깔
가슴 울렁이게 하는 첫사랑
노란 산수유 향기는 내 안에
잠자던 사랑의 꽃씨를 깨우는 것
겨울의 슬픔 같았던 내 영혼에
내리는 사랑의 위안 같은 것
나의 마음속에 핀 산수유는
그대가 보내준 사랑의 향기여라

봄날

겨울에 만나 봄볕이 여우 꼬리마냥 내리쬘 즈음
나는 그대에게 꽃향기를 전해주고
그대는 막 겨울 외투를 벗은 사람처럼 향기를 맡네

향기 맡으며 나를 보는 미소
눈을 뚫고 나오는 복수초의 신기한 마력같이
설레게 하고

그대 사랑의 향기가 마법을 부려
천지에 복사꽃 피어내듯
머지않아 봄꽃이 만개하리니

나는 지구의 인력에 이끌리는 달처럼
꼼짝하지 못하고 매달려 가는 노예
어김없이 찾아오는 봄에게 순종하듯 무릎 꿇네

찔레꽃 피는 계절에

그대가 다니는 길가
거기에도 찔레꽃 피었겠지
무명옷자락같이 희디 흰 소박한 꽃
그래서 더욱 애달픈가!
옛적 이웃 누나 집에 찔레 울타리가 생각났어
찔레꽃 만발한 울타리 너머 웃고 서 있는
찔레꽃 같은 얼굴의 누나를 몰래 훔쳐봤지
누나 좋아하는 마음 혹여 들킬 새라
찔레울타리 서성거리다 누나가 다가오면
이밥 같은 찔레꽃 따먹는 척
내 마음 숨겼어
찔레꽃 누나가 시집갈 때까지
좋아한단 말 못했지
풋풋하기만 했던 유년의 찔레꽃
찔레꽃 피는 계절이면
누나가 돌아온 듯 두근거렸어
뻐꾸기 소리 들리는 오월에

나를 바라보며 활짝 웃는 찔레꽃
이제는 찔레꽃 그대에게 사랑한다 말하지
가시에 손끝이 찔리는 줄 모르고
찔레꽃 꺾어 내 품에 와락 안았어
아아, 살냄새 향기로운 찔레꽃이여!

황석어젓

어머니가
소금으로 잘 버무려 담가 두었던 황석어젓이
해를 넘기고 잘 익을 때쯤
저 먼 산에선 뻐꾸기 운다

먹고살기 바빠 탕아처럼 외지만
떠돌다 어느 초여름 고향집 툇마루에
어머니와 밥상을 놓고 앉았다
자식놈 아무리 머리통이 굵어도
풋고추 마늘 종종 썰고 깨소금 넣어 버무린
황석어젓을 어머니는 한 조각 집어
내 밥숟가락 흰 쌀밥 위에 올려준다
그 짭쪼롬함 혀끝이 먼저 알아채는데
어머니의 가슴이 녹아내려
곰삭은 맛

여전히 어머니의 가슴을 먹고사는 나는

어머니의 항아리에서 삭힌 손맛을 보다
멀리서 들리는 뻐꾸기 소리에
눈물 삼킨다

여름밤 풀벌레 소리

여름밤
저녁을 끝내고
앞마당에 밀짚자리 깔고
누워 하늘의 별을 바라본 적 있는가?
모깃불 모락모락 빨려 올라가는 눈길 따라
닿는 곳, 어느 하늘 기원이 되고
그 기원이 다시
침묵의 영겁 별빛으로 쏟아지는 그 자리
어둠 속 나를 둘러싸고 있는 우주
그 경계의 밖에서 우는 풀벌레 소리
가만히 귀 기울여
하나 둘 그 생명들을 세어 본다
제각각 목청껏 울어대는 풀벌레들
낮이나 밤이나 시끄러운 매미 소리
낭랑한 밤의 가수 여치 소리
찌르르 바이올린 연주자 같은 베짱이 소리
가을이 다 왔다고 악다구니 치는 귀뚜라미

철써기, 긴꼬리쌕새기, 팥중이, 방울벌레
또, 이름 모를 것들이 울고
반딧불이가 밤하늘 날며 꿈을 꾸게 한다

시끄럽고 시끄럽고
조화롭다
나를 둘러싼 그 모두가

바람

바람,
바람은 볼 수 없지요
그러나 나는 여기 숲 속에 와서
매일같이 바람을 바라봅니다

어제 밤에는 바람이 무섭게 불었습니다
비가 온 뒤 날씨가 추워질 거라 경고라도 하는가 봅니다
바람은 평온한 대지를 할퀴고
나의 마음도 두려움으로 울렁이게 했습니다

문을 열고 밖으로 나가보니
캄캄한 밤 숲 속에서 울부짖는 소리가 들렸습니다
마치 짐승의 울음소리 같은 것이었습니다
그 소리에 검은 그림자 같은 나무들은
사시나무 떨듯 마구 떨고 있었습니다
그냥 떠는 것이 아니었습니다
몸을 가눌 수도 없이 이리저리 휘청거렸습니다

안간힘으로 버티고 있는 모습이었습니다

나도 저 나무들처럼 마구 흔들리고 있다는 생각을 했습니다
나는 무시웠습니다
마치 내가 살아갈 미래 막연한 걱정과 불확실성에
맞닥뜨리고 있다는 생각 때문입니다
나무도 두려움에 떨겠지요
그러나 바람이 흔드는 대로 흔들리고
바람이 할퀴고 가면 아프다고 울부짖을 뿐입니다
세상을 살아가는 풀, 나무, 흐르는 물, 구름 모두 그렇지요
무릇 그들과 하나도 다르지 않으나
나는 어찌 저 여린 가지보다 떨리고 아파하는지요
하나의 사람으로 살아가는 죄인가 봅니다

나는 두려움이 빗물처럼 넘치는 항아리를

끌어안고 잠이 들었습니다
창문을 때리는 바람 소리에 몇 번인가
언뜻 잠이 깼던 것 같습니다
무거운 항아리에 짓눌려 이부자리는 온통
구겨지고 있었지요

나는 아침마다 창문을 통해
밖의 커다란 나무를 쳐다봅니다
그 나무는 끊임없이 흔들립니다
어떤 때는 이파리만 파르르 떨다가
또 어떤 때는 가지가 부러질 듯 춤을 춥니다
그러나 아무것도 보이지 않습니다
나무를 흔드는 것이 무엇인지 모릅니다
바람은 보이지 않으니까요
나는 신을 믿지 않았습니다
그러나 나무가 바람에 흔들리는 모습을 보면서
보이지 않는 것의 의미에 대하여 생각해 봅니다

언제 저 흔들리는 나무들처럼
바람이 흔들면 흔들리고
바람이 할퀴면 아프다 울고
시간이 흘러 때가 되면 낙엽을 떨구듯
그저 있는 그대로 살 수 있을까요?

호박 김칫국

시골집 뒷방에
동그마니 늙은 호박
어둠 속에 누워 있네

어느 겨울 눈발 날리던 날
따끈한 토방에 앉아
늙은 호박 성성 썰어 넣어 끓인
달짝지근 시원한 김칫국
밤송이 같은 머리통 디밀어
밥 말아 맛있게 먹던
어머니가 끓여주던
그 김칫국

그 맛을 잊지 못해
늙으신 어머니께
늙은 호박 김칫국 먹자 하니
주름진 얼굴에 반가움이 설핏

어머니 손길이 바빠졌네

옛적에 없던 온갖 양념 넣어
더 맛있자고 끓인 김칫국
그 옛날 시원한 밋이 아니네
이상하네 어린 시절 먹었던
맛을 기억하고 있다니
어머니의 주름살만큼이나
세월은 흘러 그 시절
가난과 단순함이 빚어낸
그 맛, 혀끝의 기억

까마귀

우리 계촌 대미에는 까마귀가 산다
멀리 숲 속에서 까악까악 울다가
가끔 우리 집 앞 상수리나무나 가래나무 높은 가지에
부부가 날아와 앉아 하늘을 보고 부질없이 운다
아니면 자기들끼리 주고받는 사랑 노래였을지도

또 어떤 때는 까마귀 떼 날아와
파란 하늘 허공을 날아
이리 저리 검은 날갯짓으로 어지럽히더니만
까마귀 날아간 상수리나무 가지에도
까마귀 떼 날아간 허공 어디에도
그들의 자국은 흔적도 없어
저리도 홀연히 나섰다가 홀쩍 떠나가도
나무와 하늘과 바람은 아무 말이 없다

집착도 없이 살자
자연에 깃들어 흔적도 없이 살자 했건만

여전히 땅에 거름을 주고
여전히 꽃을 캐다 심고
여전히 풀을 뽑고
여전히 집 안으로 들어오는 미물들을 죽이고
여전히 바람에 흔들리는 가지를 보며 마음 상해 하니
아직도 나는 자유롭지 못한 그냥 사람이다
허공을 날아가 아무런 자취 남기지 않는 까마귀,
나는 그 까마귀에게 또 한 가지 진리를 배운다

벌, 나비

꽃을 심어 놓으니
부르지 않아도
벌, 나비, 꽃등에들이 날아온다

나는 내 속에
무엇을 심어 놓아야
부르지 않아도
나를 찾는 사람이 있을까?

무량사에서

— 매월당 자화상

부여 만수산 아래 무량사
그 곳에서도 외진
산신각
둘 데 없던 육신의 마지막 거처,
매월당은 지금도 눈 찡그리고
거기 있다
삭신이 문드러질 때까지
안으로만 삭였던 가슴속 불길
시대와의 불화 그리도 컸을까!
당신 발밑에나 가볼까 미적거리는
얼치기 시대의 부적응자
못마땅하기라도 한 듯
아직도 눈 찡그리고
노려보고 있으니

제4부

다래덩굴

매일같이 숲속의 다래덩굴 바라보네
여름이 무르익어 이파리 무성하고
다래는 달렸는지 안 달렸는지 보이지 않아도
나뭇가지 칭칭 감아 올라
옥죄는 농염한 손길에
나무는 숨쉬기도 어렵다고 푸념인데
한시도 임의 마음 놓지 않으려는 듯
다래덩굴은 아랑곳하지 않고 사랑에만 열중이네
매일 아침 혼자 다래덩굴 쳐다보는 나는
뉘 있어 저런 사랑 해볼까
다래덩굴 사랑받는 저 나무 부러워라!

썩은 나뭇가지 하나에도 목숨 줄 내놓듯이
덤벼들어 사정없이 감아 오르는 다래덩굴,
나는 언제 저렇듯 생명의 본성에 충실했던가?
나는 언제 저렇듯 세상에 진실했던가?
나는 언제 저렇듯 목숨 내놓고 사랑했던가?

남에게 보이고 싶지 않은 치부 감추기만 하고
내 마음 다칠까 염려하여 마음의 문 닫고
자존심 하나 지키려고만 했으니
병들어 불편한 내 몸 핑계로 한없이 게을러지고
세상과 정면으로 맞닥뜨리지도 않았고
사람에게도 진심으로 다가들어 안아주지도 않았지
그래서 나는 얼치기 운동가요 시인이지 싶었네
아아, 나도 이제 다래덩굴처럼
내 마음 속 거울에 솔직하고 싶구나!

구두

고흐의 구두 그림을 보다가
신발장으로 가 슬며시 문을 열어본다
낡은 구두를 왜 버리지 않고
가지런히 모아두었는지 기억은 없지만
거기 구두 몇 켤레가
낡은 벽장 속의 잊혀진 물건처럼 놓여 있다
고흐의 인생, 그의 예술적 고독이 얼마나
힘겨웠는지 보여주는
고흐의 헐어빠진 구두만큼이나
내 구두도 헐은 채로 나를 보고 있다
일생 소아마비로 비척거리는 걸음걸이 인생
내 길동무였던 신발
질질 끌리는 한쪽 다리 때문에
구두굽이 닳아 짝짝이가 되고
구두 깃이 닳고 닳아 구겨진 채로
내 남루한 일상 사진을 박듯이
어두운 신발장 안에 웅크리고 앉아 있다

누구의 삶인들 팍팍하지 않겠는가!
그 삶을 오롯이 지탱해주던 구두
길거리 어느 골목을 수없이 헤매거나
삶을 시처럼 살아내려 고뇌하다가
그 생을 다하는 날
나도 구두같이 벽장 속에
별처럼 앉아 있으리라

낙엽의 연서

가을이 창문을 두드리다 발길을 돌리고
산언덕에 나뭇가지는 바람에 손 흔들어
파랗게 일렁이는 창공의 바다에 낙엽을 띄우니
돛단배 떠가듯 출렁이며 손짓을 하네

임아 고뿔 조심하오 찬바람이 머지않았오
나는 당신 곁에 머물지 못하니 마음만 두고 가오
당신 뜨락에 편지라도 남기고 올 걸
멀리멀리 흘러가서도 당신만 생각하리다

귓불 뜨겁게 했던 여름날의 속삭임들 생각나오
비바람 불어도 그대 향한 마음 식을 줄 모르는데
이제 이별의 말도 없이 바람 따라 떠나려 하니
나는 심장이 멎으려 하오

가을 햇볕 드는 뜨락에 가만히 앉아
바람에 날려 온 붉은 낙엽 가슴에 품는다

내년 봄에 오리라던 그대의 약속 믿지 못하겠네
아아, 임아 나를 두고 가지 마오

눈 오는 들판을 바라보며

연말연시를 어머니와 함께 보내고
귀경하던 날
평택평야 어디쯤 지날 때였을 것이다
눈보라가 이미 사라져버린 사람의 흔적을
다시 한번 더 지우기 위해
텅 빈 들판을 검푸르게 뒤덮을 듯
몰아붙이고 있었다
저 멀리 들판에서부터 나에게로 쏟아져 오듯
눈발이 한꺼번에 다가오는 착각 때문인지
아니면 장엄미사가 거친 포물선을 그리며
울려 퍼져 나가 마치 감마선이
내 가슴을 뚫고 지나가는 것 같은 충격 때문인가
나는 가던 길을 멈추고
눈 속의 정적에 점점 혼미해져 갔다
바람 소리와 온통 무채색뿐인 겨울 들판
아무것도 없는 거기 장엄함에 마음 빼앗긴 사내
걸어온 내 인생의 한 순간일 수도 있고

아니 이 다음에도 그럴 수밖에 없을 것 같은
나의 행로의 시종여의始終如意
무채색 내 인생 같은 눈 오는 들판
나는 아직도 그곳을 떠날 수 없다

선재도 2

선재도 개펄
펄 속에 발을 묻고 수평선을
바라보고 섰다

어린 소녀 호기심으로
여기저기 발자국 남기고, 젊은 부부
그 뒤를 좇아 조개 찾아 펄 속을 헤집고,
딱정벌레같이 개펄에 달라붙은 할머니는
갈퀴손 재게 놀려 삶을 파헤친다

갯골을 타고 스멀스멀 기어오는
수평선의 무리
바닷물은 말없이 사람의 흔적을 지우고
펄 바닥에 수직으로 서 있는
나의 발목마저 수평선 아래 묻으려 한다

사람은 직립보행 할 때부터 펄밭에

발을 묻은 채 끊임없이 하늘만을 향하려 하고
바다는 수평선 아래 만물을 품어 안는다

바다와 인간의 마음이 만날 수 없는 씨줄과 날줄

나는 차오르는 수평선을 피해
펄밭에 묻힌 발을 빼 옮긴다 숙명처럼,

나이테에 관한 명상

TV에서
다큐멘터리 프로그램을 보다가
길이 모를 세월을 이고 산
산호의 몸체를 뚫어 시료를 채취하거나
빙하의 속살 깊은 곳까지 뚫어
나이테를 관찰하는 모습을 보았다
나이테를 보면 수천 년,
아니 수만 년 전의 바닷속,
지구의 환경을 프린팅하고 있다지 않은가

나무에도 나이테가 있다
나무둥치를 잘라 보면
기온이 온화하고 살기 좋은 계절에는
둥근 나이테가 넓어지고
추운 겨울을 이기고 산
나이테는 단단하고 조밀하다
단단하고 조밀한 나이테가

나무를 버티고 선다

벌써 반 백 년을 산 나도
나이테를 가지고 살겠지
내 나이테는 어떤 세상을 프린팅했을까?
물렁하고 성긴 나이테는 아닐까?
내가 죽을 때까지 시를 쓴다면
그 시가 나이테가 될 수도 있지 않을까?
어떤 때는 마음속 응어리 풀어내고
세상의 흉터 어루만지는 노래도 부르고
나무와 풀의 친구가 될 때도 있겠지
내 시가 지친 사람들 조금이라도 위로할 수 있다면
그것이 단단한 내 나이테가 아닐까

꽃무릇

꽃이
필 수 있는
계절의 끝머리
꽃이 핀다

붉은 용암이
한꺼번에 흘러내리듯
어느 순간
꽃이 폭발한다

단 한번
연습 없는 인생의
모든 열정 쏟아 붓듯

비록 바람 매서운 사막을
걸어왔을지라도
절대로 후회하지 않기 위해

겨울이 오기 전

마지막 사랑인 것처럼

나리소전망대*에서

천길 아래 동강을 굽어보니
저기 시퍼렇게 흐르는 강물에
꽃잎이 휘날려 떨어지고 있었지

그대는 겁먹은 얼굴로 말하길
저기 시퍼렇게 깊은 물 속에
이무기가 산다고
내게 슬쩍 옆구리 찌르며 강물을 가리켰지

그대는 또 더 먼 곳을 가리키며 말하길
구렁이같이 강물이 휘감고
돌아가는 곳 푸르른 바위 절벽 어디 동굴이 있어
푸른 용이 살고 있을지 모른다고 했어

그대가 장난처럼 말하는 사이 저기
강물 속에 이무기가 실제 살지는 모르겠지만
까마득히 높은 나리소전망대

옆에 서 있는 나는 몰래 빌었지
하늘거리며 떨어지는 저 꽃잎 중에 하나만이라도
그대의 가슴에 살포시 내려앉기를

그러면 나는 그대의 입술을
몰래 훔쳐 이무기같이 하늘로 올라가리라
그리하여 그대의 마음을 가진 용이 되길 꿈꾸었지

* 정선군 신동읍 고성리 동강에 있는 전망대

가로등

밤에 골목길을 걷다보면
넘어지지 않기 위해 땅만 쳐다보지
그렇게 걷다보니 내 머리 위에
무엇이 있어 비추고 있는 줄을 모르지

감시하고 있는 것 같기도 하고
보이지 않는 곳에서
세상을 자애롭게 굽어보는 것 같기도 하고
선지자처럼 어두운 길을 밝혀주는 것 같기도 한데

그러나 이 순간을 지나면
또다시 어둠
두려움 감싸주고 위안과 희망 주는
불빛은 너무나 짧지
그 짧은 순간을 사는 것이
바로 인생 아닌가!
저마다 가로등 하나 품고 살뿐

그 불빛 밖에 무엇이 있는지 나는 모른다
그 순간이 지나면 내가 알 수 없는 공간이니

땅빈대

뒤뜰에서 보았네
사람이 밟고 다니는
땅바닥에
지네발 기어가듯
살아가는 땅빈대

잡초 뽑아버리려다
가만히 살펴보니
남들은 햇빛 좇아
한없이 위만 보고 사는데
땅빈대는
옆만 보고 산다네

너무도 오래
남들보다 더 높이 올라가려고
몸도 마음도 지쳐있는 내게
아귀다툼 없이 느긋하게 살기를 가르쳐주네

옆을 보며 세상을 품어 사는 것이
행복이라고

새

나는 가끔 작은 우주처럼 펼쳐져 있는 하늘을 본다

거기 새가 유유히 날아 비행기가 천공에 궤적을 그리듯

서쪽으로 사라져가는 것을 본다

한편 까마귀는 짝을 이뤄 울며

하늘을 선회하다 고목나무에 앉는다

나는 어려서부터 다리가 불편하여 가끔

한 번이라도 뛰어다녔으면 하는 꿈을 꾸고 살았다

하늘을 나는 새를 보며 나를 돌아본다

새가 나는 것은 자연스러운 자유다

자유, 내가 뛰어다니는 꿈만큼 소중하다

이루어질 수 없는 줄 알면서도 자유를 꿈꾼다

꿈꾸다 알았다 새가 나는 자유만큼이나

만 가지 시적 상상의 날개를 퍼득일 수 있는 것,

그게 나의 자유다

해가 서산에 넘어갈 때

차를 몰고 서쪽으로 가던 길이었다. 구름 한 점 없는 서산 하늘에 천년이나 녹슨 쇠못같이 시뻘건 해가 넘어가고 있었다. 그 해는 내가 서쪽으로 다가가면 갈수록 더 빨리 저 산 너머로 숨을 넘기려 하고 있었다. 중천에 있을 때는 해가 움직이고 있는지 서 있는 건지 모르더니 서산으로 넘어가는 해는 누가 쫓지도 않는데 그리도 죽음을 향해 줄달음을 치고 있었다. 잠시 한눈판 사이 해는 다 타고 없어져 서산에 묻혔다.

아버지

— 벌초를 하다가

아버지 산소, 황토빛이 어린아이 머리통 기계충 파먹듯 듬성듬성 패이고, 잔디가 세력을 못 벋어 갓난아이 머리숱 같을 때 벌초를 했다. 여기저기 웃자란 다북쑥에서부터 우북이 자란 토끼풀, 띠풀, 억새 그리고 이름 모를 들풀들이 한데 뒤섞여 듬성듬성 자라고 있었다.

아버지는 어느 해 눈이 많이 온 날, 매서운 바람 불던 새벽녘 늘 그렇듯 앞마당의 눈을 쓸러 나가셨다가 지척에 육친을 두고도 비명 한번 못 지르고 차가운 눈 바닥에 누워 밝아오는 하늘을 닫아야만 했다.

그 겨울 눈보라 치는 날에 아버지를 누이고 황토빛 봉분을 만든 것이 엊그젠데, 잔디와 풀들은 서로 경쟁하듯 아버지의 논두렁에 스몄던 평생의 이야기와 자식에게 이어질법한 희미한 연민의 끈마저 덮어버리고 이제 그들만의 웅성웅성한 세계를 만들어가고 있었다. 그들은 저마다 고개를 내밀고, 어떤 놈은 내 무릎에 와 닿고, 또 어떤 놈은 내 발목을 간질이고, 그리고 어떤 놈은 바닥을 기어가고 있었다. 사막 같던 아버지의 땅 위에 살겠다고 아우성치듯 풀들이 자라고 있었다.

아버지는 봉분에 자라는 풀이었다. 태어나면서부터 풀이었다. 어디 도회지 나가 무엇인가 욕망을 부리지도 못하고, 군대 갔다 온 시절이 그나마 뽀얀 인생이 아니었을까? 아버지는 자식들 낳고 머리통이 클 때까지 아니 그들의 생이 되어가는 꼴을 물끄러미 바라보게 될 때까지 물꼬에 물 흐르는 소리 듣고, 아침 이슬 거스른 바짓가랑이 적셔가며 바람에 설렁거리는 벼이삭들과 이야기하고, 논두렁의 풀이 무성함을 꿈꾸지도 못하게 싹을 자르듯 부지런히 풀을 베어내다가 여름 보내고, 가을 되어 창고에 나락들 쟁여놓기까지 자식들에게 아무 말도 하지 않았다.

자식들이 커나가자 쥐똥만 한 논으로는 뒷바라지 어림없어 남의 농사짓고, 누렁이 품앗이로 돈을 샀다. 그럴수록 아버지의 손가락은 비틀어지고 세월의 때가 남루하게 온몸을 파먹기 시작했다. 그렇게 1년이 가고 또 그렇게 몇 십 년이 흘렀는지 모른다. 아니면 인생의 길이 심심하다 생각해서였을까. 가끔은 그 심심함을 깨뜨려 술을 거나하게 드시곤 장독대나 세간사리 깨져나가고, 애꿎은 어머니는 화풀이 대상이 되었다. 그런 아비지를 지켜보는 나는 엄마가 큰일 나면 어쩌나 귀퉁이에 숨어 성난 황소 같던 아버지를 원망스레 바라보며 오들오들 떨었지만, 이튿날은 매번 아버지의 발자국 소리 논으로 가고 있었다.

평생을 그렇게 살았다. 더 이상 아무것도 없었다. 자식들이 어디 학교를 가든, 무슨 일을 하려하든 그저 옆에 있기만 하였을 뿐 이렇다 저렇다 말이 없었다. 아버지는 흙과 함께 살면서 흙처럼 거짓 없이 살아라, 형제간 우애 있게 지내라, 는 무언의 가르침만 어렴풋이 심어주고는 어느 날 갑자기 인생을 닫았다.

아버지 봉분에 웃자란 풀을 뜯으며 아무것도 내세울 것 없는 풀잎 같던 당신의 사랑을 새삼 느낀다. 아버지 품에 안겨본 기억도 없어, 아버지의 애틋함이 무엇인지 느껴볼 수 없었던 내가 갑작스런 아버지의 부음에 눈물을 쏟으며 당도하니, 거기 벌써 하얀 백짓장이 되어 누워 계셨다. 너무 서러워 그 얼굴 쓰다듬으며 눈물 흘렸다. 그 오랫동안 꿈꿔왔던 아버지의 사랑, 이제 살가운 말이라도 한 마디 하며 살겠노라, 살 부비는 육친의 정을 이제 조금은 느낄 수 있을 거라 생각했건만, 이제 아무것도 없다고 생각했다. 그것이 서러웠다. 눈물방울이 하염없이 아버지의 얼굴에 떨어졌다. 꿈인가 싶어 아버지의 얼굴을 떨리는 손으로 더듬고 더듬었다. 아버지의 얼굴은 벌써 식어 있었다. 손끝에 느껴지는 아버지의 너무도 거친 피부, 늦가을 메말라 스러져가는 풀잎 같았다.

그렇게 논두렁의 풀처럼 살다 가셨다.
아버지

해설

가장 낮은 곳에서 부르는 노래

김영현(소설가)

1.

변경섭의 시에서는 깊고 향기로운 자작나무 냄새가 난다. 자작나무는 북방의 겨울을 대표하는 나무로서 자작나무 숲은 잃어버린 원초적 그리움을 떠올리게 한다. 눈 쌓인 북방의 겨울, 하얀 자작나무 숲은 뚜르게네프나 톨스토이의 러시아 문학 도처에서 등장하는 고향의 이미지와 유배된 고독한 지식인의 상징이다. 요절했던 러시아 시인 예세닌은 「자작나무」라는 시에서 이렇게 노래했다.

> 내 창문 밑의 하얀 자작나무
> 마치 은으로 덮은 듯 눈으로 덮여 있다.

부풀은 어린 가지 위에는
눈 쌓인 가장자리
잔가지들이 펼쳐져 있다.
흰 술 장식처럼…
자작나무가 서 있다.
조는 듯 고요함 속에
금빛 불꽃 속에서
눈이 반짝이고 있다.
새벽 햇살은 게으르게
둘레를 돌아다니며
새로운 눈가루를
어린 가지 위에 뿌린다.

러시아 제정 말엽 짜르 치하에서 태어난 예세닌은 격동의 시대 불꽃처럼 살다가 간 시인이다. 그는 한때 17살이나 연상이던 전설적인 무용수 이사도라 던컨(1898~1927)과 결혼하였다 헤어지고 나서 톨스토이의 손녀와 재혼을 했지만 끝내 행복한 생활을 하지 못한 채 서른 살의 젊은 나이에 자살로 생을 마감했던 비운의 시인이기도 했다. 같은 시대 러시아 또 한 사람의 천재적인 시인이자 역시 자살로 생을 마감했던 마야코프스키와는 달리 그는 매우 목가적이고 서정적인 시를 썼다. 격동의 시대를 적응하지 못한 채 술 주정과 심한 우울증을 앓는 그의 마음속에 마지막으로 떠오른 것은 고향 마을의 풍경과 자작나무 숲이었던 것이다.

이처럼 자작나무는 러시아 문학에서 빼놓을 수 없는 어떤 원초적 그리움의 표상이다. 투르게네프나 도스토예프스키의 소설에도 그것은 빠짐없이 등장한다. 북방의 겨울, 원시적인 이 때 묻지 않은 풍경이야말로 세상에서 유배되어 고독한 시간을 보내는 시인에게 더없는 위안이 될 수밖에 없는 때문이기도 할 것이다.

그래서 변경섭의 이번 시집 앞부분은 자연히 자작나무 연작시로부터 시작하고 있는지 모른다.

나는 시원始原의 기억처럼 자작나무가
내 마음속에 심어져 있었다
강원도 산속에서 고고한 자태
뽐내고 있을 때도
어쩌다 시베리아 눈 덮인 평원
눈보다도 더 하얗게
긴 다리를 뻗고 서 있는 숲의 장관을
사진으로 보다가도 나는
깜짝 깜짝 놀랐다
머릿속에 프린트 되어 선명히

기억되는 아름다움,
전생에 무슨 인연을 우연히
만난 것처럼 느껴지는 전율 같은 것,
그러나 강원도 산속의 자작나무도
시베리아 평원의 자작나무도
나에겐 다가갈 수 없는
정말로 시원의 기억 같은 것이었다
어느 날 그대가 내 눈앞에 서 있었다
나는 내 눈을 의심했다
시원의 기억 같은 자작나무였다
내가 손으로 만질 수 있는 그런 자작나무였다
미끈한 다리, 웃음 짓는 얼굴
파란 하늘 찌를 듯 서 있는 하얀 수피
나는 그대를 보고 북구의 하얀
자작나무를 보았다고 생각했다
언젠가 나는 그대에게 강원도 산길을 지나다가
자작나무가 제일 좋다고 했다
집을 짓고 산다면 울타리나무로
자작나무를 심겠다고 했다
그렇다 그대가 나의 자작나무였다
나의 삶을 둘러싸고 위안을 주는
그대는 소중한 내 몸과 같은 자작나무였다

―「자작나무에게」 전문

시인은 자작나무를 보는 순간, '시원의 기억' 속에 자리 잡고 있는 어떤 강렬한 충격 속에 사로잡힌다. 그것은 오랫동안의 그의 기억 속에 원초적으로 자리 잡고 있었지만 감히 다가갈 수 없는 어떤 존재로만 여겨져 왔던 이미지였다. 그러다가 그것이 현실로 다가오는 순간, 믿을 수 없는 전율과 황홀감에 사로잡히고 말았던 것이다. 그런데 시의 후반으로 접어들면서 그 자작나무는 단지 그냥 자작나무가 아닌, 내 속의 '그대' 였음이 밝혀진다. 말하자면 그리움의 대상으로서의 의인화된 자작나무였던 것이다. 그리하여 시인은 탄식처럼 노래했던 것이다.

"그렇다 그대가 나의 자작나무였다/ 나의 삶을 둘러싸고 위안을 주는/ 그대는 소중한 내 몸과 같은 자작나무였다"

그것은 '내가 손으로 만질 수 있고' 내가 볼 수 있는 구체적인 형상을 가진 현존하는 존재이다. 이것은 그 뒤에 이어지는 시에서 보다 분명해진다.

가을비에 젖은 너의 몸은
그리운 여인의 적삼 속에 숨겨 있는 뽀얀 속살

바람결에 수런거리던 목소리 어디 가고

내가 쓰다듬던 따듯한 체온도 기억에만 남아

여름날 어둠 속 거칠었던 호흡은
차가운 가을비에 침향의 향기처럼 펄밭 속에 잠기었다

(중략)
저기 가을비 맞으며 서 있는 자작나무를 보며 내가 운다
—「자작나무 2」 부분

매우 관능적이기까지 한 이 시는 '그대' 가 구체적인 어떤 여인으로 자리 잡으면서 이 시집의 2부를 장식할 연시(戀詩)와 맞닿아 있음을 예고하기도 한다. 그러나 이 '그대' 는 결코 닿을 수 있는 거리에 놓여 있지 않다. 그것은 '그대' 가 '시원적 기억' 속에 있던 존재와 결코 다름이 없기 때문이다. 그러니까 구체적인 관능은 그것 역시 그냥 그리움의 한 표현일 뿐이다. 다음의 시를 보자.

자작나무는 어느 북구의 설원에서 온 키 큰 여인이
옷을 벗고 서 있는 것처럼 이국적이다
고요하다
자작나무는 하늘을 보고 하얗게 질려 있다
아니 바람이 불어도

뼈만 남은 자작나무는 가지 사이로
바람을 흘려보내고
스스로는 아무것도 생각하지 않는다
고독하다

—「자작나무 3」 부분

'고독' 이라는 부제가 붙어있는 이 시의 자작나무야 말로 시인이 사랑했던 바로 '그대' 였을 것이다. 앙상한 뼈만 남은 채 가지 사이로 바람을 흘려보내고, 스스로 아무것도 생각하지 않는 것처럼 보이는, 바로 고독한 존재 그 자체이다. 그리하여 그는 뒤이어 끝내 이렇게 실토하지 않을 수 없었었던 것이다.

자작나무처럼 나도 고독하다
내 마음속의 자작나무가 저기 무심하게 서 있다
그리움에 지친 사내는 자작나무 숲 속에 들어가
자작나무에 입 맞추고 물어보고 싶다
너는 겨울을 사랑하느냐고?
고독한 겨울을

—「자작나무 3」 부분

어쩌면 자작나무처럼 고독한 시인 자신의 그리움이 외

부로 표상된 한 형태가 '그녀' 일지 모른다는 생각이 들게 한다. 원래부터 자작나무는 고독한 겨울의 가운데 서 있는 구도자의 모습으로 감각적인 형태의 여인과는 거리가 멀다. 이 자작나무 연작시 중에서 그런 시인 자신의 마음을 가장 잘 드러내어주는 시가 바로 산문시로 쓰여진 「자작나무 6」이다. '겨울비 맞는 자작나무와 새' 라는 다소 긴 부제가 붙어있는 이 시는 아마도 자작나무라는 이름으로 씌어진 세상의 시 중에서 가장 아름답고 슬픈 시 중의 하나로 기록될 것이다. 다소 길지만 전문을 한번 천천히 음미하며 읽어보자.

> 겨울비 내린다. 한겨울 얼음장 밑 흐르는 시냇물같이 차갑다. 세상의 사랑이 사라져버린 죽음의 봉분을 지켜보는 것처럼 서늘하다. 자작나무가 사는 세상이 그렇다. 자작나무는 목마른 구도자처럼 겨울비 맞고 서 있다. 희디 흰 옷이 다 젖어 있다. 오한이 오듯 몸이 떨려오지만 자작나무는 여전히 혼자이고 싶어 한다. 그래야 이 추운 겨울을 견딜 수 있다는 듯이.
>
> 자작나무 숲에 새가 날아들었다. 날갯죽지에 상처 입은 새는 자작나무 가지에 앉아 쉬려한다. 새는 너무 먼 길을 날아왔다. 먼 이국의 땅, 혹은 칼라하리사막 같은 황량함이 그

의 등 뒤에 여운처럼 남아 있다. 새는 자작나무의 앙상한 겨울 가지를 이리저리 눈치를 보며 옮겨 다닌다. 날개가 젖었다. 더 이상 날아갈 힘도 없다.

자작나무는 아무 말이 없다. 겨울비도 말없이 내린다. 겨울산에 정적 같은 침묵이 굶주린 너구리 찾아들듯 은밀하다. 비가 오는 잿빛 하늘에는 슬픔이 가득하다. 아마도 겨울비가 함박눈이 되어 쏟아질 모양이다. 굵은 눈물방울일 것이다.

새는 자작나무 가지를 떠나야할지 모른다는 두려움에 젖은 날개를 고르지도 못하고 눈만 대록거리고 있다. 상처 입은 날갯죽지로는 비 맞는 자작나무를 온전히 가려줄 수 없어 작은 날개를 한탄한다. 새는 자작나무에 앉아 구슬픈 노래를 부른다. 겨울비가 자작나무와 새를 적신다.

—「자작나무 6」 전문

"겨울비 내린다."에서 "겨울비가 자작나무와 새를 적신다."로 끝나는 이 시는 가난하고, 고독한 시적 정서의 절창이다. 마치 뽈 발레리의 장시 「해변의 묘지」나 T.S. 엘리어트의 「성회 수요일」을 읽는 느낌까지 든다. 이런 시는 깊은 경험에서 우러난 지혜와 삶의 겸손함이 바탕이 되지 않으면 결코 도달할 수 없는 경계이기도 하다. 여기서 물론 비에 젖은 새는 시인 자신의 내면이며 현재이기도 할 것이다. 시란 놈은 원래 이렇게 시인의 살과 눈물, 고독을 파먹고 눈물겹게 태어나는 것이다. 그렇게 태어나야 진짜배기 시가 되는 것이다. 그리하여 머리로 이미지를 조작하여 만들어내는 시와는 본질적으로 다른 감동으로 다가오는 것이다. 나는 사실 이 시 한 편만으로도 이 시집의 무게에 충분히 값하고도 남는다고 생각하는 중이다.

2.

1961년생인 변경섭은 격동기의 한국사회에서 불의 터널과도 같았던 80년대를 온몸으로 부딪히며 살았던 이른바 80세대의 한 사람이다. 그 후 오랫동안 재야 민주화 운동에 헌신하며 풍찬노숙으로 청춘의 세월을 보내야했던 그 세대의 아픔과 상처를 이젠 아무도 알아주지도 않고, 돌아보아주지도 않지만 그는 분명 외롭고 힘든 길을 걸어와야 했을 것이다. 비슷한 길을 걸어왔던 나랑은 어디에선가 가끔 얼굴을 마주치기도 했을 터지만 워낙 수줍은 사람일터라 기억 속에 분명하게 남아 있지는 않다. 다만 그의 시에서 나는 어떤 흔적 같은 걸 비슷하게 느껴볼 뿐이다. 자작나무 연작은 그런 흔적들일지도 모른다.

그런 그에게 문학은 다른 세상으로 나아가는 은밀한 열정의 잉태처였을 것이다. 그래서 그런지 첫 시집부터 유난히 눈에 띄는 것은 꽃에 대한 그의 지극한 모심이다. 첫 시집 『새는 죽었다』에서 발문을 쓴 방민호가 지적한 대로 그 꽃은 "1980년대풍에 노출된 시인이 겪어온 극심한 정신의 황폐를 보상해줄 만한 대리물로 부상할 수 있었기 때문"이고, 동시에 "시인의 내밀한 감정을 표백하는 매개물"이 되었을 것이기 때문이다. 두 번째 시집인 이 시집에도 그런 꽃의 기능은 여전히 유효한 듯이 보인다.

> 당신과 헤어지기 싫어
> 당신의 손을 잡고
> 당신의 집 언저리 밤늦도록
> 맴돌다 보았네
> 인가의 불빛만 새어나오는 까만 밤에
> 달빛을 바라는 노란 달맞이꽃
>
> ―「사랑」 부분

> 사랑은 보랏빛이고
>
> 사랑은 꿀처럼 달콤하지만

사랑은 날카로운 가시도 돋아 있지

그래서 사랑은 조심하지 않으면 상처가 깊다

—「엉겅퀴꽃」 전문

나의 뜨락에
노란 산수유꽃 피었네
봄 시샘 앞 다투어 누구보다
먼저 꽃봉오리 벋어 봄볕
내리쬐는 양지에 봄소식 부려놓았네

—「산수유꽃」 부분

이제는 찔레꽃 그대에게 사랑한다 말하지
가시에 손끝이 찔리는 줄 모르고
찔레꽃 꺾어 내 품에 와락 안았어
아아, 살냄새 향기로운 찔레꽃이여!

—「찔레꽃 피는 계절에」 부분

이러한 꽃의 이미지는 따뜻하여 1부의 자작나무의 차가운 이미지와 선명하게 대비가 된다. 자작나무가 견결한 구도자의 이미지라면 꽃은 언제나 그렇듯 다정한 연인의 눈빛 같은 이미지를 선사한다. 그래서 다음과 같은 한 편의 발라드 같은 노래가 가능했는지도 모른다.

> 내 몸은 언젠가부터 당신을 그리워하기 시작했나 봅니다
> 비가 내리고 추억이 익어갈 때쯤
> 능소화가 툭툭, 땅에 떨어지면
> 나는 슬픔을 이기지 못하고 비를 맞았으니까요
> 비 오는 하늘빛 무채색 같던 나의 마음은
> 어느새 주홍빛 꽃잎을 품에 안고 있었지요
> 낡은 흙빛 담장 아래 능소화 또 떨어집니다
> 그리움 하나 둘 내 가슴속에 차곡차곡 쌓여갑니다
> 그렇게 장맛비 오는 여름도 조금씩 지나가겠지요
> 아아, 못다 이룬 사랑 능소화 같은 처연함이여
>
> —「능소화 떨어지면」 부분

비록 처연하긴 하지만 시 전체에 흐르는 느낌은 따뜻하다. 어떤 시인은 "사람과 사람 사이에 섬이 있다. 그 섬에 가고 싶다." 고 했는데 그 섬의 이름은 분명 그리움일 것이다. 그리움이 있음으로서 우리는 비로소 거친 열정에서 벗어나 사랑을 완성할 수 있겠기 때문이다. 그리움은 너와 나의 거리이며 그 거리를 사랑하는 것이 바로 사랑의 완성이겠기 때문이다.

일찍이 젊어서는 공맹(孔孟)을 읽고, 늙어서는 노장(老莊)을 읽는다는 말이 있다. 세상을 고쳐보겠다는 열정은 젊은 시절 누구나 한 번쯤 가져보았음직하다. 수신제가치국평천하(修身齊家治國平天下)는 아닐지라도 억압된 세상에서 억울하게 살아가는 고단한 민중들의 삶을 보며 그런 열정을 가져보지 못했다면 그는 필시 고난의 민주화 시대 때 남의 열정에 무임승차한 인간이거나 사랑이 없는 인간일 것이다. 그렇다고 그게 다는 아니다.

노자는 '무위이무불위(無爲而無不爲)' 라고 했다. '아무것도 하지 않지만 아무것도 하지 않음이 없다.' 는 뜻이니 그냥 자연 그대로 두라는 무위자연(無爲自然) 사상이다. 노자 철학의 핵심인 이 말은 지금처럼 경쟁적으로 살아가야하는 세상에서 많은 생각거리를 제공해준다.

누구나 감히 그 경계에 이를 수야 없겠지만 이젠 열정의 바다에서 돌아와 강원도 평창 어디메, 가장 낮은 곳에서 지금 텃밭을 일구며 낮은 소리로 노래하는 이 시인에게는 가장 적합한 말이 될는지도 모르겠다.

그래서 오히려 다음과 같은 「호박 김칫국」 같은 시가 내겐 더 맛있어 보인다.

시골집 뒷방에
동그마니 늙은 호박

어둠 속에 누워 있네

어느 겨울 눈발 날리던 날
따끈한 토방에 앉아
늙은 호박 성성 썰어 넣어 끓인
달짝지근 시원한 김칫국
밤송이 같은 머리통 디밀어
밥 말아 맛있게 먹던
어머니가 끓여주던
그 김칫국

그 맛을 잊지 못해
늙으신 어머니께
늙은 호박 김칫국 먹자 하니
주름진 얼굴에 반가움이 설핏
어머니 손길이 바빠졌네

옛적에 없던 온갖 양념 넣어
더 맛있자고 끓인 김칫국
그 옛날 시원한 맛이 아니네
이상하네 어린 시절 먹었던
맛을 기억하고 있다니

어머니의 주름살만큼이나
세월은 흘러 그 시절
가난과 단순함이 빚어낸
그 맛, 혀끝의 기억

—「호박 김칫국」 전문

그렇다. 우리가 마침내 돌아가야 할 시의 고향은 저 자작나무 숲도 아닌, 꽃도 아닌, 늙은 어머니의 '호박 김칫국' 바로 그것의 가난하고 단순한 맛이다. 이제 이 시인이 세상의 모든 짐을 다 내려놓고 가장 낮은 곳에서 불러야 하는 노래가·바로 이런 시일 것이다. 분명 그의 시에는 그런 정서가 깊고 향기롭게 배여 있다. 그의 서정적 노래가 기대되는 이유이다.

나의 양평 서재 밖에도 여름을 재촉하는 비가 촉촉하게 내리고 있다. 시인의 텃밭에도 지금 한창 감자가 영글고 있으리라.

애 지 시 선

002	붉디 붉은 호랑이	장석주 시집
003	붉은 사하라	김수우 시집
004	자전거 도둑	신현정 시집
005	정비공장 장미꽃	엄재국 시집
006	기차를 놓치다	손세실리아 시집
007	바람의 목례	김수열 시집
008	그리운 연어	박이화 시집
009	뜨거운 발	함순례 시집
010	정오의 순례	이기철 시집
011	그 남자의 손	정낙추 시집
012	즐거운 세탁	박영희 시집
013	구룡포로 간다	권선희 시집
014	좋은 날에 우는 사람	조재도 시집
015	여수의 잠	김열 시집
016	축제	김해자 시집
017	뜻밖에	박제영 시집
018	꽃들이 딸꾹	신정민 시집
019	안개부족	박미라 시집
020	아배 생각	안상학 시집
021	검은 꽃밭	윤은경 시집
022	숲에 들다	박두규 시집
023	물가죽 북	문신 시집
024	마늘 촛불	복효근 시집
025	어처구니 사랑	조동례 시집
026	소주 한 잔	차승호 시집
027	기찬 날	표성배 시집
028	물집	정군칠 시집
029	간절한 문장	서영식 시집
030	고장 난 아침	박남희 시집
031	하루만 더	고증식 시집
032	몸꽃	이종암 시집
033	허공에 지은 집	권정우 시집
034	수작	김나영 시집
035	나는 열 개의 눈동자를 가졌다	손병걸 시집
036	별을 의심하다	오인태 시집